# 소금꽃

지성 · 감성의 메타언어
조선문학시인선 · 362

# 소금꽃

권 혁 춘 시집

조선문학사

■ 책머리에

# 책을 내면서

등단은 운전면허를 딴 것이니 열심히 연수해야 고속도로 주행도 가능하다는 어느 분의 말씀처럼 멋진 운전자가 되려고 노력했습니다.

한 자, 한 문장을 낚시질하듯 낚아올리며 오늘에 이르렀습니다. 그래도 허하기만 한 것이 글쓰기인 것만 같습니다.

이렇게 답답하고 방황할 때 길잡이 해주신 교수님께 감사드립니다.

오늘 이렇게 첫 시집을 내는 마음은 짝사랑할 때의 두근거림입니다. 부족한 글을 세상에 내놓아도 되는지 두렵기만 합니다. 그래도 품었던 글들이기에 빛을 쪼이고 싶어 내놓게 되었사오니 어여삐 읽어 주십시오.

이 글 속에는 저의 유년의 추억들이 있습니다. 함께 공유해 주신다면 고맙겠습니다.

책을 내면서 다시 한 번 삶을 돌아보게 되어 좋았고 내 이름이 들어간 책을 만들어서 기쁩니다.

이 기쁨을 맛보게 해주신 박진환 교수님과 창작 활동을 할 수 있도록 배려해준 남편에게 감사드립니다.

더 열심히 쓰고 성찰하며 살아가겠습니다.

2014년 초여름

권혁춘

# 소금꽃 차례



## 제1부
## 자연산책

제2부

## 삶으로 삶을 사랑하며



제3부

## 선미(禪味)의 시

## 제4부
## 혈통 · 가통의 시

# 제1부

# 자연산책

# 소금꽃

보석보다 값진
보석으론 셈할 수도
장식할 수도 없는
바다의 사리 소금

윤사월
송화가루 날리면
수정꽃으로 피어나는
소금

쓰고 짠 간기가
어찌 소금뿐이랴
인생의 삶도
쓰고 짠 것을

소금이 사리란
명귀 새기며
소금으로 삶의 의미를
꽃 피워본다

# 개별꽃

문장대 찬바람이
휘몰고 내려오면
수정봉 자비로움이
쓸어안고 내립니다

옥수 흘러내리는
햇살 바른 터
자리 잡고 얼굴 내민
작은 별꽃무리

다람쥐 친구하고
딱정벌레 도반 하자며
합장하고 함박웃음으로
지나가는 보살들 발목 잡아요

모델을 자처하기에
스마트폰으로 찰칵
땅위에 하얀 별들
개별꽃이라 하네요

# 상사초

돌담 밑 햇살 아래
파랗게 질린 그리움이
봄의 문턱을 넘어서고

한 뿌리로 태어났건만
마주해 본 적 없는 얼굴
허공만 더듬는 외로운 꽃
상사초라 했던가

목탁소리 염불 소리로
님 적신 마음
법당 뜨락에 가슴으로 내려 놉니다

# 산수국

꽃은 고우나
열매를 맺지 못 하는
이름은 산수국이고
가을이 오기 전 여름에 피는

뻐꾸기 격음이
정적의 산을 쪼아 깨우면
비로소 미소하는
꽃잎으로 핀다

무위를 몰아내며
인위의 발길질이 심한
뻐꾹새 소리보다
빵빵대는 자동차 소음

귀를 대고 그리는 고향 냄새
그리움이듯 비로 쏟아
아스팔트 위에 뿌린다

# 휴전선 155마일을 읽고

철조망 경계로 금 긋고
오가지 못 하는 분계선은
대남 대북 방송 소리만
넘어오고 넘어간다

쇠똥구리 사슴벌레 장수풍뎅이
노루가 짝을 찾고
소쩍새가 울음을 그칠 줄 모르는
주룩주룩 쏟아지는 비를 피해
새들도 잠자리에 들 무렵
입술 터진 대대장과 병사들은
총을 겨누고 눈망울에 불을 켠다

햇살이 퍼지는 아침
두루미 가족 북녘 하늘로 나래 펴 날아간 후

밤새 쌓인 눈꽃 보는 이는 아름답지만
GOP 병사들의 눈엔 차가움 뿐
심장 소리마저 두렵도록 적막감이 감도는
비무장 지대에
한가로이 노니는 건
두루미 가족과 정처 없는 바람 뿐

# 박꽃

밤에만 피는 꽃
피어
어둠에서만
나누는 밀어
피 한 방울 섞이지 않은
하얀 빈혈기의
얼굴

그래도 사랑만은
뜨거웠는지

어느 날엔가 분만한
보름달
하나

# 능소화

그리움 물레질로 감아 올려
하늘 향해 메아리로 풀어내는
능소화

작열하는 남국의
태양이 그리워서일까
먼저 간 님을 그리다
빨갛게 터져버린 피멍 때문일까

몸 비비며
부둥켜안고 몸부림치는
허공 더듬기의 독기의 촉수

벌나비도 외면하고
돌아가는 꽃그늘

지는 꽃마다 젖은 눈물로
떨어지는
하늘 향해 애원하는 하소연
능소화의 사랑은 붉고도 슬퍼라

# 더덕꽃

뉘집 딸 시집간다고
바람이 소문을 내면
참새 떼 모여 들어
수다를 떨어대네

함진아비 말벌
꽃가루 등에 지고
이둥 저둥 들락날락
찾아들고

향수로 자리 펴고
그리움으로 안주삼아
함진아비 마중하면
가을엔 새까만 씨 가득

※ 더덕꽃엔 말벌만 옵니다.

# 꽃비 되어 내리네

시험하는 나찰 무시한 채
수행하는 벚꽃나무
하늬바람 애교에
꽃망울 부풀려 내고
이슬비 내리던 날 살포시 눈 뜨는
아가들의 벙긋 웃음

미리내 내려 앉아
견우직녀 함께하고
벌 나비들의 가무와
한 쌍의 꾀꼬리 높은 가락에
어깨 들썩이게 하는
봄 잔치 한 마당

시누이 같은 비바람
너를 흔들어 대면
꽃비 되어 내리는 너의 눈물
이별의 눈맞춤 아름다이 하고
앙탈도 하지 않은 채
자연으로 돌아가는 고운 자태

# 오월의 향연

오월이면 하얀 드레스 나풀거립니다
배고파 울다 죽었다는 아이의 넋이 핀
이팝나무 위에 수북이 쌓인 하얀 밥알들

논두렁 가 개구리 울다 배고프면 따 먹으라고
조롱조롱 튀밥 달고 핀 조팝나무
엄마 그리워 개골개골 울던 청개구리
늘어진 가지 엄마 등 삼아 차고 오릅니다

빈 논에 모 심으라고 향내로 소식 전하는
진주알 같은 꽃송이 벌 나비 유혹할 때
한 가지 휘어잡아 향기 맡으며
푸른 하늘 벗 삼아 햇살과 놀아 봅니다

엄마 혼자 누워 있는 산 모롱이에
숨어 핀 찔레꽃엔
뽀얗게 삶아 빨고 빨아도 가시지 않는
울엄마 살내가 스며있어
한잎 따먹고 목이 멥니다

피난 시절 배고픔 달래며 따먹었다는 토끼풀꽃
고마움과 추억 꼭꼭 말아 화관 만들어
나풀나풀 나비 춤추며
동생과 잔치 한마당 벌입니다

# 누구를 위한 춤인가

– 빈자리 기다리는 마음

무대는
도로변
출연자
페츄니아
의상은
정열의 색깔

트럼펫 소리 아닌
클랙슨 소리에
방긋 웃으며
줄지어 선 무희들

바쁜 걸음의
관객들이
눈 맞추며
웃어주면
소리 없이
속 드러낸다

정작
자신을 사랑 해줄
님은
길 잃어버린 채
소식이 끊겼답니다

# 아마존의 눈물을 보고

통나무배 저어 늪길 헤치며
밀림을 지키던 파수꾼
타잔의 휘파람 소리에 답하며 원시를 즐겼는데

발동기 소리에 놀라 숨죽인 생명들
밀림의 왕자 화면 속으로 사라져 버린 날
문명에 성난 아마존강 마을 덮쳤네

정글을 놀이터 삼아 놀던
아나콘다 악어들은 박제된 채
명품관 진열대에 누웠고

산소 만들어 내뿜던 억년을 누리던 나무들은
날카로운 톱날에 생을 마감하고
거부들 별장 받침목으로 서있네

산소량 부족으로 죽어가는 문명에 산소통 대여합니다
배낭 대신 산소통 메고
소풍을 가야하는 새 풍속의 21C

# 진통중

벌겋게 부어 오른
살갗을 찢고 태어나는
자연 분만의 꽃잎

실실이 풀어 내린 아지랑이로
커튼을 치고
분만실은 산욕을 풀고 있다

무슨 소문이라도 들은 것일까
참을성 없는 새들은
입조심 할 기미가 전혀 없다

나비 몇 마리 찾아왔다
궁금증이라도 풀렸는지 돌아가고
가지에서 가지로 걸친 금줄엔
한나절 햇볕이 널려있다

# 맥문동

여름날
매미 울면
긴 꽃대 마디마다
귀를 달고 울음 귀동냥 한다

여름 끝과 함께
매미소리 끝나면
소리마다 흑진주가 된
구슬 걸어
꽃으로는 피워 낼 수 없는
아름다움을 드리우는 맥문동

땡볕
소나기
천둥
여름을 여름답게 산 삶으로 맞는
가을의 섭리를 배운다
맥문동에게

# 냄비 속에 꽃

찌그러진 냄비 하나
마당 한 구석에 내어 던져져 있다

담금질로 화형을 당한 채
닳아 구멍 난 상처로 나 뒹구는
삶처럼 구겨진 냄비

늙은 할머니의 손길로
흙을 담고 씨앗 뿌려져
생명을 틔우고 꽃까지 피웠네

버려짐과 쓰임
쓰임으로 다시 태어난 생명의 터전
냄비가 피워 내는 꽃의
아름다움이 불길보다 뜨겁네

# 단풍

봄 아닌
늦가을 색바람에
바람이 났나

철도 모르고 단장하는
화냥기

미치지 않고서야
저리 단장할 수 있나

그렇기는 하다마는
정작 미친 건
단풍 아닌
몰래 훔쳐보는
단풍 도둑이 미친 게지

# 산통

적막의 두꺼운
껍질을 벗겨내기 위해
말을 건다

세월의 무상함이 한탄으로
안겨올 때 눈짓을 보낸다

혼자 있어 외롭고 쓸쓸한
단독자일 때도 문자를 보낸다

거만하고 방자한 너는
요 핑계 저 핑계를 대며
바람처럼 외면한 채 도망친다

별들이 잠들 무렵쯤일까
살며시 다가와 몸을 푸는
산통을 겪었으니 산욕 조리 위해
미역국 끓여볼까

제2부

# 삶으로 삶을 사랑하며

# 안국동 골목길

호통 치는 대원군의
갈라진 목소리가 길 건너 들려오고
납작한 기와지붕들이
몸 낮추고 사는 골목 길

켜켜로 내려앉은 시간이
바둑판으로 박힌 돌길에
세월 업은 할머니 쪽진 머리 위로
곱게 노을이 내려앉고

시간과 팽팽히 줄다리기 하다
역사를 동여 맨 밧줄이 풀리면서
안국동 골목엔 어둠이
발자국으로 찍힌다

# 연필깎이

세월도 깎을 수 있을까
쌓이고 쌓인 더께로
몽당연필이 되어버린 삶

무뎌진 연필심을
연필깎이에 넣고 돌리듯
삶도 돌리고 싶다

돌리어 연필심 보이듯
내 삶의 속살도
가을 햇살에 펼치고 싶다

# 연필과 지우개

잉크나 수성 펜이 아닌
언제나 지우고 쓸 수 있는
연필이 좋다

그리움도 썼다 지우고
사랑도 지웠다 쓰는
그런 연필이 좋다

스피드의 벨트가 빠름보다
기어에서 풀려난 나사 풀린
느슨함의 구식이 더 좋다

펜만 신식이면 뭣하나
마음이 따라 주지 못하면
부질없는 것

썼다 지우고
지웠다 쓴
연필과 지우개의 인연
벗 하며 살고 싶다

# 불씨

펌프질하던
심장이 멈춘다면
불씨 하나 지펴 줄
그대 오시려나

먼 허공을 향해
능소화는 하염없이
애원하듯
두 손 모은다

흘러간 세월들을
조각보 잇듯
한 땀 한 땀 수를 놓으면
질화로 불씨 살릴 수 있을까

새까만 하늘에
수많은 별빛은
첫 사랑의 아련한
불씨 하나 찍어 주려나

# 배려

– 우정

보이지도
만져지지도 않는 것이
무한대로 움직이고
사라지면 파멸도 부른다

서로를 아끼고
양보하는 선인들이 뿌린 마음
씨로 뿌리면 숲도 만들고
사막화 되어 가는 지구를
눈빛 하나로
사랑의 꽃밭 만들 수 있거니

까르티에 시계
세월을 쪼개며
우정을 빛내고 있네

※ 까르티에 손목시계가 우정에서 만들어 졌다고 함.

## 낫술

– 용구새 틀던 날

낡은 무성영화 필름이 돌면
꽃신 신은 아인 폴짝이며
짚더미 속을 헤집고 다닌다

가을걷이 끝내고
볕 좋은 날 골라
세월을 벗겨 내 듯
볕짚을 추리며 벗겨낸다
갈퀴 같은 손으로 재단도 없이
기계처럼 짚을 주물러
꾸불꾸불 구렁이 같은 용구새 틀어 댄다

낮닭이 울 때면 새참이 그리워
할밴 투박한 사발을 개다리소반에 놓고
뽀오얀 막걸리 가득 붓고
장독대 옆에 핀 활련화 몇 잎으로
마른 목을 축이며 "좋다" 했다

이영 엮고 용구새 틀 때 할배가 마시던
낮술과 활련화는 고급요정의 술보다
화려했고 멋스럽고 활력소였다
피를 돌게 하는 혈청제였다

# 파도타기

출렁이는 파도는
고해의 노도
멀미 없인 불허된 도강

세월의 돛대 세워
사나운 물살 삿대질하며
아득한 피안 어디쯤
겨우 인생의 중턱에 다달았습니다

동거해온 장기 투숙자
미움 원망 증오
용서로 쪼개어 수장하고

출렁이는 파도 위에
행복의 집 짓고
즐겁게 생을 저어 가렵니다

# 떨치고

떨치고 떨치고
모두 떨치고
날아가고 싶다

그리움으로 둘러친 울타리
엄마 무덤 쓰다듬고
살던 고향 돌고 돌아

훠이 훠이
넓은 들판까지 휘돌아
아버지의 땅으로 무릎 꿇고 싶다

발목 잡힌 연의 고리 끊어 내고
자유로이 떠돌다 본향으로 귀향하는
바람이고 싶다

# 징검다리

길을 나섭니다
자갈길을 지나
물을 만나기도 합니다

꽃창포 토끼풀꽃이
아롱아롱 피어있는 개울가에
가지런히 놓여있는 돌 징검다리

한발 두발 밟으며
돌계단을 오르듯
편하게 즐겁게 건너뜁니다

바람이 함께 하자고 따라오는
징검다리 길
세상에 왔다 누군가에 등 내밀어
징검다리가 되어 주고 싶다

# 고목에 꽃 피우던 날

비바람 친구하며
묵언 수행하는
이순의 고목 하나

가부좌를 틀고 명상 삼매경인데
서릿발 내린 중생에게
도반하자며 별들이 유혹해요

묵언 수행 저버리고
명상도 팽개치고

낮이면 햇살과
별 뜨면 도반과 함께
조르던 비바람 동행하고
바랑 걸머지고 길 떠난다

하얀 종이컵 삼아
모아 두었던 물
힘껏 끌어 올린다

# 파노라마

유년을 펼쳐 놓고
세월 수틀 삼아
추억을 수놓는다

되돌아보면
아득했던 날
작은 다락방에서 듣던
할머니의 옛이야기가
걸어 나오고

뒷동산 소나무 밑에
묻어 두었던
첫 사랑도 되살아온다

들녘엔
아버지의 땀방울들이
실개천으로 흐르고

흐른 세월 되돌리면
수틀엔 추억의 파노라마가
수놓아 진다

# 그림자를 그리며

비 내리는 날
창가에 앉아 한잔의
커피를 앞에 하면
다향으로 피어오르는
얼굴 하나 있다

먼지 낀 삽화인 듯
낡은 필름인 듯
걷던 숲길도 보이고
함께 부르던 노래 소리도 들리는
가버린 날들이 있다

젖지 않고도 젖어 버린
가슴이 되고
이런 날엔
비에 젖은 우수를
한 알 박하향으로 깨물어 본다

# 자미당에 서서

천년을 거슬러 서 있는 이곳은
어디일까
의문 지팡이 삼아 자미당에 서본다

꿋꿋한 대나뭇잎 사그락거림 가락삼아
봉황봉에 매를 조롱하며
수련가 맴도는 고추잠자리며
자웅 찾아 헤매는 벌나비 떼 바라보는데

고려인의 절개를 지키신 한 아버님의
붉은 꽃 자미화의 이슬방울 질 때까지
태양은 하나뿐이라고 주장하신 음성이 들려왔다

이천년대에 이방인의 귀와 함께 열린
깨끗한 자미당 문지방 너머로 펼쳐지는 시계 저쪽
천년 고인 연못 속에 나 고기되어 또 천년을 맛보
려 하네

# 시계 저쪽

겹겹이 둘러쳐진
그리움의 울타리에
이승과 저승을 이어줄 것만 같은
물안개

아스라이 멀어져가는
세월의 무게 따라
원근법의 시야에 펼쳐지는
대지의 파노라마

푸르름을 찍어 청춘 그리고
먹구름 풀어 흰머리 염색하며
시침과 초침으로 날과 올 삼아
피륙을 짜내고 싶다

고장난 시계를 벽에 걸어 놓고
너른 피륙폭으로
세월을 덮어 버리고 싶다

# 해맞이

보내고 맞는 한 해의 교차점에
불덩이 하나 떠오른다

불길에 묵은 것 사루고
새것 밝혀 가슴에 담으면
소망의 한해 빛으로 열릴까

파편이 되어 버린 생각들
조각조각 기워
새해 아침에 조각보에 싸 이고 온다

# 인연의 빛

유월의 끝자락
작열하는 태양은
생명과 거리를 좁히고
능소화는 붉은 빛을 줄기로 뽑아
감고 감아 올린다

보내야만 다시 오는
보내고 돌아옴이 따로가 아닌
불이(不二)
오늘이 있기에
내일이 있고

오늘이 오늘로 존재하는
회귀와 순환의 법칙
태양이 물러서며
어둠을 깔아 줘야
별이 뜨는 이치도 그러하거니

잔잔한 물을 보고는
수심을 가늠할 수 없듯
저 숲을 바라보고
숲의 깊이를 읽을 수 없음도
같은 이치거니

울고 웃음이
하나의 연으로 잇대이는
잇대어 하나가 되듯
그런 등불 하나 걸고 싶다

# 아이스크림의 유혹

우유로 목욕한
뽀오얀 속살
무슨 잘못을 저질렀기에
시베리아 육형일까

꽁꽁 얼어 굳어버린
육신
조용히 옷을 벗겨
혀끝으로 당기면

이내 몸 젖어 녹아버리는
관능의 유혹

관능의 유혹으로
나는 나이를 먹어 버린다

# 욕심

어둠 속에서도
빛을 발하는 황금이다

환한 대낮엔
어디엔가 숨어있는
어둠이다

떠도는 늑대도 되고
하이에나도 되어 눈에 불을 밝혀
먹이 사냥을 하는
짐승

그런 짐승 하나
마음속에 숨겨 기르는
나는
욕망이란 이름을 사육하는
사육사다

# 제3부

# 선미(禪味)의 시

# 산사에서

동안거 해제하며
상념의 굴레 따라 풀어 놓고
부처님 말씀 되새긴다

내린 눈의 두께 만큼
정적의 두께도 더 해가고
산사
법당 처마 풍경 소리도
정적을 깨뜨리기 미안했는지
바람의 등에 흘려보낸다

먹이 찾아 나온
다람쥐 한 마리도
정적의 올무에 걸린 듯
화들짝 놀란다

# 길상사

박하분내 대신
마음에 밝힌 촛불
향피어 오르고
목탁 소리 염불 소리에
말린 향기 심지박아 불을 켜면
자비의 연등도 불을 밝힌다

사랑하는 님 위해
귀의하며 내 놓은 터
왕생극락 빌고 비는 대웅전 앞 뜰
꽃무릇도 등을 걸어 밝힌
환한 길상사

※ 길상사는 예전에는 고급 요정이었다.

# 틈새

한 줌의 토양과
한 방울의 물이 있으면
아무리 작은 틈새라도
자연은 싹을 틔웁니다

보도블럭 틈새나 담 사이
파랗게 얼굴 내미는 생명들이며
바위틈에 용틀임으로
세월을 감고 서서 세월이 되어버린 노송
다 자연의 틈새에서 생명 하는
자연의 부활입니다

헌데 어찌하여
인간의 틈새엔 싹이 트지 못하고
싹 대신 미움의 골들만 깊이 파이는지

틈새를 메우지 못한 이 시대의
단독자들의 고독은 그 때문인 것을

# 주먹밥

법주사 뜨락에서
받아든 작은 주먹밥

바다가 있고
농부들의 땀방울을
보살님들 정성으로 뭉친
추억의 주먹밥

바람이 등 떠밀어 주고
다람쥐 길잡이 되어주는 길 따라
금강송 사이로 걷는 힐링길

진달래 환영하는 숲길 지나
정상에 오른 도반들
스님 법문 끝내신 후에

솔바람과 함께
문장대 바라보며
시장기 달래려고
자비의 주먹밥 베어 문다

# 법당 뜨락에 핀 꽃

법당 둔덕에 꽃무리들도
목탁 소리를 익혔는지
발원하듯 숙인 고개로 피어있다

오늘은 큰스님 49재
왕생극락 하시라고
바람에 향공양 올리며 마음의 염주를 센다

법당에 들지 못해도
보살핌으로 살았고 또 살아가리라고
감사하는 마음으로 합장한다

빛으로 다시 오시어
중생과 초목들에게
큰 가르침 주시기를
합장으로 기원해본다

# 힐링 산상법회

왼발에 번뇌 내려놓고
오른발에 신심을 가하며
묵언으로
도반들과 산 오르는 명상 길

진달래 만발한 오솔길 지나며
추억 더듬어보고
천년을 버티고 서있는
금강송 사이로 열반에 든 노송들
법주사 종소리에 극락행 재촉하고

정상에 오른 도반들
스님 법문에 귀 기울이며
속진털이 하겠다고
바람에 몸 맡긴다

바위 옆 진달래
소나무 위 새들도 합장하듯
지저귐 멈춘다

# 팔공산에 올라

채찍으로 구름을 불러
쏟아 부은 빗발에 멍이 들었는지
정상은 퍼렇게 멍이 들었다

850m 고지 디딤돌 삼아
머리에 무거운 돌갓 얹고서
팔공산을 관장 하시며
천년을 한결같은 미소로
중생들을 굽어 살피시는 부처님

손발이 닳도록 빌고 빌면
한 가지 소원 들어 이루어 준다기에
헐떡이는 숨 고르며
백팔 염주 돌리고 돌립니다

흐르는 땀방울로 번뇌 녹여 내리고
불어오는 바람에 집착 날리며
당신 향해
합장으로 빌고 또 빌어 봅니다

# 마음 모으기

부처님 말씀
한자 한자 새겨 옮기며
마음을 모아 두루마리로 기둥을 세워 본다

무주상 보시
자연은 우리에게 무상으로 나눠주는데
우매한 중생
뜻을 몰라 달라고만 보챘네

보시는 부메랑이라고
가르침을 주시건만
받는 데만 길들여진 중생들

보는 것
듣는 것
받는 것 모두 공짜
주는 것도 공짜여야 하는데

# 모닥불

혼자는 외로워서
서로를 보듬어 안고
바람에게 부탁을 합니다

버려지고 밟히던
서러운 생을 마감하고
마지막을 혼불 불꽃 삼아 몸부림칩니다

기도소리 노래소리 장단삼아
하늘 향해 붉은 혀를 내둘러 핥으며
별이 되고 싶어
혼신을 다한 갈증으로 높은 곳을 향하는
모닥불

# 두 손 모으고

먼 길 헤매다 돌아온
탕아처럼 찾아 들어도
자비로 반겨주시는 당신

속리산 팔상전 앞에서
두 손 모으고 3독심 버리겠노라
버려 마음 비우겠노라고
다짐해보는 합장

문턱 넘어서면 문 밖은 속세
속세에 젖지 않으려고

수정봉 힐링길
왼발 오른발 떼어놓으며

수천 년을 살아온 노송에게
느린 삶을 배우며
앞 사람의 발길 따라 길 오르네

※ 팔상전 : 법주사에 있는 조선시대의 5층 목탑.

## 꿰매기

트여진 실밥을
세월 허리에 매어
한 땀씩 떠보렵니다

세월만이 아닌
삶도 짜깁기 해보고
행복도 수놓아 보렵니다

참선과 명상
백팔 염주 굴리며
오체투지도 해보면
말씀도 꿰매어져 법문에 들까요

당신의 자비로운 미소에
마음굴레 집착 버리려고
탐진치의 강을 건너면
고해저쪽 수미산 높은 곳에 닿을 수 있을까요
닿아 꿰매고 실밥 따라
인연으로 고리할 수 있을까요

## 제4부

# 혈통 · 가통의 시

# 망향가

어찌하여 젖은
눈물이 꽃잎이 되는 걸까
어머님의 병환이
쏟은 눈물로 북두화 피워낸다

지난 사월에도
목필 한 송이 따다
수취인 없는 장문 써 담아
입에 물고 해오라기 되어 버린다

구순의 나이건만
젖내 땀내 젖은 부모님
이름 석 자 가슴에 품고
북두화 가지 위에 소롯이 앉는다

※ 북두화 : 일명 목련꽃, 북쪽 고향을 그리며 피었다는 전설이 있다.

# 화장터에서

- 동서를 보내며

소풍 끝낸 듯 삶 접고
삼베옷에
연지곤지 화장하고

가족들의 통곡 들리는지 마는지
시침 떼고 누워있는
삶 너머 삶 저쪽으로
호적을 옮긴 동서

활활 타는 불길 속에
달집 태우듯 영혼의 집 태워
눈물로 떠나보내야만 하는 저승행

집착과 욕망
한 줌 뽀오얀 가루되어
가족의 품에 안긴 채

영정 속 미소
여전히 생명이 있는 듯
누구나 한 번은 가는 길이라고
산 자를 위로 하는 듯 웃고 있네

# 쓰르라미 울적에

가고 아니 계셔도
시계는 돌아가며
여름을 보내려
목이 터져라 울어 댑니다

이불 빨래 세 번 하고도
친정 갈 수 있다는
시어머니 호령에
쓰르라미와 방망이질로
화음 맞추며
서러움을 삼킵니다

쓰르라미 울적에
당신이 그리워 방망이질 하여도
그리움은 8월에
길 위로 도망질 합니다

# 신발

출발이자
종착역
보호자이자
동행자다

댓돌 위에
뽀얗게 닦인
신발 한 켤레
어머니의 얼굴과 함께
일그러진 발가락이 어른거린다

삶의 무게 등에 하고
발자국 동행삼아
세월을 신고 다닌 신발

종착역에 머물러
더 이상은 동행할 수 없는
하얀 고무신 한 켤레

# 친구

강돌이 세월의 여울로
둥글게 다듬어지듯
모가 가신 얼굴들이 모였다

가시 돋혀 아픔으로 찔리던 말들도
모가 가셨는지
사뭇 점잖해진 입이며
막걸리 한 모금으로 추억을 삼키고
내뱉을 줄도 아는
넉넉한 아낙이 되어 모였다

눈가 잔주름은 지우지 못했지만
화장발 보다 잘 먹히는
미소 하나로 주름을 펴내는
추억을 축적한 재벌가들이
한 자리에 모여
부를 자랑하며 제법
재벌 흉내에 익숙하다

# 요양 병동에서

주름살에 밀려
웃음이 지워져 버린 얼굴

피 흐르고 맥박 뛰지만
삶 보다 괴로운 아픔의
병마

빨간 색을 좋아했다는 할매는
누가 빼앗아
호르륵 호르륵 하늘로 갔다며
찾아 달라 울어 대며 하소연이다

잃어버린 젊음이 애달파
살 뜯어 키운 새끼들 그리워
혼줄 놓고도 어디 모를 곳을
헤매고 있는 요양 병동

# 옥매와 아버지

아버지의 얼굴이 보인다
하얀 이 보이도록 활짝 웃으시며
햇살에 뽀얗게 바랜
옥양목 두루마기 자락 휘날리며
누에가 고치를 만들 듯
줄줄이 피어오르는
꽃망울 사이로 아버지가 손짓을 한다

유년의 뜨락
햇살에 금세 뚝뚝 녹아내릴 듯한
뽀얀 속살 드러내며 웃고 있는
옥매
옹기종기 눈망울들이
아버지의 손길을 그리워하며
햇볕 세례를 받고 있다

# 어디에 담을까

눈으로 보고
가슴으로 즐기는 꽃은
아름답기 때문이다

보고 즐김과는 달리
말씀 없이도 듣고
보지 않고도 들을 수 있는
귀의 귀함은
꽃보다 더 아름답다

태어남도 죽음도 아름답다는
부처님 말씀
삶과 죽음이 둘이 아닌
불이(不二)란 뜻 아니던가

눈 아닌
귀도 아닌
마음의 눈 뜨면
보고 듣고 하는 것을

# 내 동생

또 딸을 낳았다고
미역국 물리치시며
퉁퉁 불은 젖가슴을
꾹꾹 누르며 먼산 바라기로
산욕을 푸시던 어머니

주름살 접힌 두 얼굴이
나란히 누워
꽃나무 그리며
밤새 도란도란 시간을 쪼갠다

아침상 차려주며
함께라서 좋다고
함박웃음으로
목젖 드러내는 동생

언제나 어머니의
생인 손가락이던
마지막 꽃 막내둥이
머리위에 어느 새
갈대꽃 곱게 피었네

# 바람은 나의 연인

바람이 데려다 준 이곳
그대 없인 삶의 가치를
느낄 수 없었던 나였기에
발자국 없는 수도승으로
천년 고목 되었답니다

당신이 내려준 감로수로
삶을 영위하며
당신이 부르는 노랫소리에
가지와 가지를 부벼대며
살아있음을 깨닫습니다

세월의 더께로
파랑새 한 쌍 키워
넓은 세상으로 보내며
너의 고향이 되리라고 말했죠

바람
때로는 광풍으로
때로는 하늬바람으로
보내고 맞이합니다
바람 당신은 나의 연인입니다

# 부치지 못한 편지 · 1

돼지고기 듬성듬성
애호박 반달로 썰어
새우젓 한 숟가락 넣고
불을 지핍니다

보글보글 찌개가 끓으면
마음에서 발효 되어
숙성 된 그리움과
사랑도 따라 끓습니다

가고 아니 계셔도
쓸고 다니시던 방바닥에
등을 대고 누우면
당신의 살아 쉬던
숨소리 들리는 듯합니다

어머니만큼 저를
부지런하게 한 분도
요리사로 만든 분도 없습니다

오늘도 창가에 앉아
어머님 떠나간 밤하늘에
이야기 하듯 답 없는 대화를 띄워 보냅니다
모노드라마의 배우처럼
메아리 없는 함성을 질러 봅니다

# 부치지 못한 편지 · 2

마음으로 쓰고
새기고
새겨 부치는 편지가 있다

수신인은
북망산에 누워계시는
어머니

사연은
사모
그리움
불효

오늘도 젖은 눈으로
쓰고 읽고
읽어 새겨 넣은
봉투 없는 편지를 쓴다

# 술의 힘을 빌리고 싶다

적막감으로 배가 부른
포만감의 창자를 헹궈내기 위해
싸한 알코올을 넘긴다

죽음이 데려간 아우의
목멘 슬픔에 섞어 타
목넘이로 넘기며
그리움을 안주 삼아
추억을 새김질 한다

애주가가 아니어도
때론 술의 힘을 빌려
하늘을 향하여 소리 높이며
세월의 흔적을 지우고 싶다
지워 백치가 되고 싶다

# 포도즙

상강이 되면
적을 달리 하신
아버님 음성
귓가에 맴돌고

맴돌아 단풍들어
곱게 물든 단풍잎 던져
발자국 삼고 훌훌 떠나신
아버님의 헛웃음 소리도 맴돈다

포도즙을 좋아하셨고
라스꽃 벗하시길 즐기시던
로맨스 그레이였던 아버님

오늘은 아버님 가신 날
라스꽃 한 묶음과
제상에 올릴
포도알을 끓이고 있다

마음을 끓여 담금질하며
보랏빛 포도즙 같은
사랑도 함께 끓인다

# 연리목 되소서

2012년 6월 9일

행복이란 텃밭에
나무 두 그루 심는 날
사랑과 배려로
정성껏 돌보아 주소서

햇살과 바람으로 키워
예쁜 꽃도 피우고
탐스런 열매도 맺어
이웃에게도 나눌 수 있도록
돌보아 주소서

길가는 모든 이들도 쉬어 갈 수 있도록
정자도 만들어 놓고
아낌없이 주는 나무
연리목 되어 행복하소서

때로는 비바람 불고
거센 파도 밀려올지라도
사랑으로 헤쳐 나가고
온유한 마음으로 두 손 모으소서

사랑 합니다
아들 김정환
며느리 박소진

# 섬

빙하도 내려 녹는 21℃
지구의 유일한 존재인
섬 하나

살아서는 갈 수 없는
저승길과 같다고
눈물로 풀어대던 고향

이제는 가셨을까
가슴에 섬 하나 끼고 살던
어머니의 고향
그리운 섬 하나
북청

# 울궈내다

펄펄 끓여 댄다
살점을 모두 뜯어 먹이고
구멍이 숭숭 뚫리도록

시간의 더께를 털어 내고
세월을 씻어 내듯
불로 담금질 한다

마디마디가 끊어지고
모서리마저 둥글게 녹아
뽀오얀 국물이 되도록

평생을 자식 위한
어머니의 사랑을
뼈마디의 슬픔을
사골 우려내듯
오늘도 펄펄 끓여 댄다

# 나무가 되었다

강가
흘려보낸 세월 키로 세워 서있는
한 그루 소나무
해마다 소나무 아래
젯밥을 차려놓는다

고향의 밥맛을 그리워하고
고향의 소나무가 좋다고 했던
자식의 뜻을 따라
강가 소나무 아래 잠들게 한 수목장

아들은 갔지만
한 그루 소나무
자식으로 가슴에 기르는
어머니의 모정은 오늘도
나무의 키 재기를 하며

청명의 하늘을 도는
바람이 되거라
바람이 되어 하늘나라로 가거라
비는 어머니의 기도

# 상록수에 둥지를 틀다

샘골 교회 종소리
메아리로 가슴에 감기면
귀 없이도 말씀 들을 수 있을까

들어 가슴이 트이고
트여 밝은 눈 되면
상록수로 서있는 뜻 읽을 수 있을까

흙 칠판에 새긴 스승의 사랑
가지에 걸쳐 놓고
겨울 돼야 풍기는 향기 상록수로 서 있네

종소리는 멀리멀리 씨앗 뿌리는
글의 파종
그 씨앗 가꾸기 위해
상록수에 둥지를 틀었네

# 아버지의 울음

폭풍전야
스산한 바람에 서걱이는 댓잎은
불길한 생각을 몰아오는 징조 같다

하늘에 별빛마저 숨을 멈추듯
마술을 터뜨리는 까만 밤에
정적을 깨트리며
폐부를 찌르는 통곡소리

생의 반려자를 묻고 온 날 밤
바위 같던 아버지는
끝내
이승과 저승을 잇듯 통곡을 했다

그 후……
아버지의 울음소리를 들은 적이 없다

# 언제나 처음처럼

두 손 잡고 한 길 가자했던 너와 나
가시버시 되어 금슬 좋은 기러기 앞세우고
부모님과 하객 앞에 마주섰네

꿈의 궁전 문으로 첫발을 내디디며
서로에게 씨앗이 되고 흙이 되어
따사로운 햇살로 싹 틔우소서

서로에게 어둠을 내몰 햇살이 되어주고
서로에게 편히 앉아 쉴 그늘이 되어
아름다운 정원 한가득 꽃 피우소서

비바람 불어와도 천둥 번개를
축가로 들을 수 있는 넓은 마음으로
언제나 처음처럼
행복한 연리목 되소서

# 빈 둥지

재잘거림도
깔깔거림도
정지 되어버린 공간

달빛마저도 싸늘한 눈
허허로운 바람만 기웃대는
바람 빠진 풍선처럼
쭈글쭈글한 시간을 어루만지며
기댈 곳 찾아보아도
아무도 없는 빈 둥지

썰물처럼 빠져나가 버린
검은 등만 드러낸 뻘밭
숭숭 뚫린 구멍 속으로
계절의 끝자락이
외로움에 겨워 파도친다

# 제5부

# 시집 평설

# 각과 선미로 이끌어 올린 암시와 상징 돋보여

박진환
(시인 • 문학평론가)

## 1. 전제

암시와 상징은 시를 시이게 하는 중요한 요소이자 절대적 요소이기도 하다. 그 때문에 암시와 상징이 없는 시는 아무리 그럴듯한 미사여구로 포장해도 알맹이가 없는 허사이게 된다. 시의 예술적 가치는 암시와 상징에 의해 이루어지고 획득될 수 있기 때문이다.

시로써 진술하고자 하는 그것이 무엇이든 간에 시는 직접진술을 거부한다. 거꾸로 말하면 간접진술에 의해서만이 시는 그 존재가치를 획득한다는 뜻이 된다.

시는 사실을 사실 그대로 진술하는 과학적 진술을 거부한다. 그 때문에 사실을 왜곡 • 날조 • 위장 • 은폐하는 에둘러 진술하는 간접적 드러냄을 레토릭으로 원용한다. 암시와 상징은 바로 그 레토릭을 대표하는 언술이라고 할 수 있다.

이점에서 암시나 상징은 절대적 요소이면서 시의 생명이라고 할 수 있다. 달리 지적하면 암시나 상징을 거부하는 시는 시의 생명을 거부하는 것이 되고, 생명이 거부된 시는 시의 존재가치를 상실하게 된다. 시적 폼만을 갖춘 시는 바로 이러한 존재 밖의 시라는 열외에 설 수밖에 없게 되는 소의가 이러하다.

시의 생명으로서의 암시는 시인이 뜻한 바나 드러내고자 하는 바를 직접적으로 표현하지 않고 간접적인 수단인 에둘러 말함으로써 미루어 짐작케 하는 일종의 간접화법의 알레고리를 의미한다.

상징도 같은 맥락성을 지닌다. 어떤 사물·사상·정조 따위를 그에 상통하는 다른 사물에 의탁, 연상적으로 표현하는 레토릭의 하나이기 때문이다. 자연은 상징이나 암호로 말한다는 자연의 이치나, 일순의 행동 속에서 다양한 의미를 결합하는 정신적 능력인 상상력과도 맥락이 잇대인다. 그런가 하면 정작 시인이 드러내고자 한 것이 정신적인 것이었든, 내면적인 것이었든 그것을 진술 대신 말해줄 수 있는 표징사물을 제시, 본의를 유추하게 한다는 점에서 암시와도 무관하지 않게 된다.

이러한 전제는 권혁춘 시인이 상재한 첫시집 『소금꽃』에 접근하기 위한 통로를 마련하기 위해 동원한 근거제시에 불과하다. 문제는 암시와 상징이라는 통로를 통해 시집 제목이 암시하듯 『소금꽃』으로 피워내는 정신지향의 내면풍경을 어떻게 시로써 암시하고 상징하고 있느냐에 있다.

시집에 수록된 대부분의 시편들은 시인 스스로가 몸담고 있는 불교적 정신 맥락과 무관하지 않음을 보여주고 있는데 이는 권혁춘 시인의 시가 불교적 각(覺)이나 선미(禪味)와 같은 불심에서 발상됐음을 의미한다고 할 수 있다. 뿐만 아니라 시적 출발도 발상과 궤를 같이하는 것으로 보아줄 수 있다. 이외에도 혈통·인사·자연사물로서의 꽃, 개인적인 삶에서 환기되는 여러 양태의 우수한 시편들이 많다. 그중에서도 시집 『소금꽃』을 대표할 수 있는 메인 이미지의 시편으로 각의 시편과 선미의 시편을 제시할 수 있어 이를 중심으로 시계에 접근해보기로 한다.

시를 제시, 구체화했을 때 시집 『소금꽃』으로 피워내는 불심과 이를 교의적 해석이 아닌 시로써 형상화해낸 암시와 상징의 양태도 함께 드러내줄 것으로 여겨진다.

## 2. 불심에서 건져 올린 각의 시편들

신앙인의 시에서 흔히 발견되는 것이 종교적 교의나 발심, 이루고자 하는 소망사고를 신앙에 의탁함으로써 종교적 해석이 되어버린 함정을 발견하게 된다. 그 때문에 시가 기도문의 한계를 극복하지 못한다거나, 이루고자 하는 종교적 신념의 노출이 선행, 관념의 한계에 머물러 있게 되는 경우가 없지 않다.

권혁춘 시인이 독실한 불교신자라는 점에서 보면 시인도 교의적 함정에서 자유스러울 수가 없게 된다. 그것은 시에의 자각 없이는 종교라는 정신지향으로 일방통행이 감행되기 십상이기 때문이다. 그렇기는 하나 권혁춘 시인이 시로써 보여주고 있는 바는 이런 함정에 빠지지 않기 위해 스스로가 시적 장치를 가추고 있고, 또 이를 백분 활용, 자신의 시에 충실히 실천함으로써 극복해 가고 있음을 보여주고 있다.

그 장치가 바로 교의나 발심이나 발원, 기구 따위를 직접 드러내지 않고 에둘러 간접적 진술로 재구성 해주고 있는 암시와 상징이라는 레토릭이다. 시를 제시, 구체화 했을 때 시집 『소금꽃』의 본태는 그 모습을 극명히 할 것으로 여겨진다.

가) 유월의 끝자락
작열하는 태양은
생명과 거리를 좁히고
능소화는 붉은 빛을 줄기로 뽑아
감고 감아 올린다

보내야만 다시 오는
보내고 돌아옴이 따로가 아닌
불이(不二)

오늘이 있기에
내일이 있고

오늘이 오늘로 존재하는
회귀와 순환의 법칙
태양이 물러서며
어둠을 깔아 줘야
별이 뜨는 이치도 그러하거니

- 중략 -

울고 웃음이
하나의 연으로 잇대이는
잇대어 하나가 되듯
그런 등불 하나 걸고 싶다

나) 어둠 속에서도
빛을 발하는 황금이다

환한 대낮엔
어디엔가 숨어있는
어둠이다

떠도는 늑대도 되고
하이에나도 되어 눈에 불을 밝혀
먹이 사냥을 하는
짐승

그런 짐승 하나
마음속에 숨겨 기르는
나는
욕망이란 이름을 사육하는
사육사다

다) 트여진 실밥을
세월 허리에 매어
한 땀씩 떠보렵니다

세월만이 아닌
삶도 짜깁기 해보고
행복도 수놓아 보렵니다

참선과 명상
백팔 염주 굴리며
오체투지도 해보면

말씀도 꿰매어져 법문에 들까요

당신의 자비로운 미소에
마음굴레 집착 버리려고
탐진치의 강을 건너면
고해 저쪽 수미산 높은 곳에 닿을 수 있을까요
닿아 꿰매고 실밥 따라
인연으로 고리할 수 있을까요

예시 가)는「인연의 빛」, 나)는「욕심」, 다)는「꿰매기」의 각각 전문이다. 발상도 표현도 다르지만 한가지 동류항이 있다면 각이 발상으로 작용했다는 점이다. 주지하다시피 각(覺)은 마음의 본원(本源)을 깨달아 앎을 의미한다. 여기에서 본원은 사물의 주장이 되는 근원이다. 이 근원은 권혁춘 시인의 경우 불교적 불심일 수도 있고, 불심으로 일으켜 세운 발심일 수도 있으며 이를 실현하고자 하는 정신차원의 근원일 수도 있다. 해석이야 어쨌건 각은 불심과 동의어일 수도 있어 각의 시편들이 불심의 각기 다른 깨달음의 표상이었다고도 할 수 있다.

예시 가)에서의 근원은 '인연'이다. 인연이란 사물들 사이에서 맺어지는 연줄이지만 불교적 교의로 풀이하면 인(因)과 연(緣), 곧 어떤 결과를 낳게하는 직접적인 원인과 간접적인 결

합의 힘이 되는 연줄이 된다. 예시는 이러한 인연을 '보내야만 다시 오는', '보내고 돌아옴이 따로가 아닌', 불이(不二)로 하나로 잇대어 있음을 말해주고 있다. 그리고 이러한 불이는 '오늘'과 '내일', '회귀와 순환', '태양'과 '어둠', '울고', '웃음'의 상반・상충으로 이분화했다가 이 또한 따로 따로가 아니라는 깨달음을 통해 불이란 일원론으로 합일시켜주고 있어 각의 시편임을 증명해주고 있다.

예시 나)에서는 인간의 본능적 욕망의 하나인 '욕심'을 '황금', '어둠', '늑대', '하이에나'와 같은 '짐승'으로 변용, 원인적 비유를 성립시켜주고 있다. 그리고 이러한 변용은 스스로의 마음속에 지니고 있는 '욕심'을 욕망의 성취를 위해 불을 켠 한 마리 사육하고 있는 '짐승'과 동일시함으로써 스스로가 욕심을 사육하는 사육사라는 것을 깨닫게 하는 각의 시편임을 말해준다.

예시 다)에서 꿰매기도 예외가 아니다. 일상의 삶을 세월로 짜깁기 해보고, 세월과 함께해온 삶도 행복도 꿰매기로 짜깁기 해보는 삶의 한 단면을 제시한다. 그러면서 세월이나 삶만이 아닌 '참선과 명상', '백팔 염주' 굴리며 부처님의 말씀도 꿰매면 법문에 들 수 있을까를 설의한다. 이러한 설의는 다시 '탐진치의 강을 건너면/고해 저쪽 수미산 높은 곳에 닿을 수 있을까요'로 구도의 높이에 잇대인다. 그리고 종국에는 구도의 끝자리에 닿아 다시 꿰매면 '인연으로 고리할 수 있을까요'라고 설의로 발원을 유보하는데 이러한 설의 또한 설의 자체가 각

없이는 불가능하다는 점에서 각의 표출을 통한 불심의 형상화라고 할 수 있다.

문제는 각으로 표상화된 불심만에 있지 않다. 불심으로 이루고자 한 소망사고를 합장이나 기구나 염불로 성취하고자 하기보다는 이를 암시나 상징으로 에둘러 짐작케 해줌으로써 시를 성립시켜 준다는 점에 있다. 단순한 성취나 실현을 위한 간구의 표출이었다면 시 이전의 것에 머무를 수밖에 없었을 것이기 때문이다.

이러한 각과 함께 깨달음에는 이르지 못하지만 불심을 당겨 불을 밝히기도 하고, 밝힌 불로 탐욕의 그늘을 거두기도 하며 불자의 길을 묵묵히 걸어가는 구도의 모습도 보여주는 선미(禪味)의 시도 간과할 수 없는 부분이다.

가) 돌담 밑 햇살 아래
파랗게 질린 그리움이
봄의 문턱을 넘어서고

한 뿌리로 태어났건만
마주해 본 적 없는 얼굴
허공만 더듬는 외로운 꽃
상사초라 했던가

목탁소리 염불 소리로
님 적신 마음
법당 뜨락에 가슴으로 내려 놉니다

나) 동안거 해제하며
상념의 굴레 따라 풀어 놓고
부처님 말씀 되새긴다

내린 눈의 두께 만큼
정적의 두께도 더 해가고
산사
법당 처마 풍경 소리도
정적을 깨뜨리기 미안했는지
바람의 등에 흘려보낸다

먹이 찾아 나온
다람쥐 한 마리도
정적의 올무에 걸린 듯
화들짝 놀란다

다) 법당 둔덕에 꽃무리들도
목탁 소리를 익혔는지

발원하듯 숙인 고개로 피어있다

오늘은 큰스님 49재
왕생극락 하시라고
바람에 향공양 올리며 마음의 염주를 센다

법당에 들지 못해도
보살핌으로 살았고 또 살아가리라고
감사하는 마음으로 합장한다

빛으로 다시 오시어
중생과 초목들에게
큰 가르침 주시기를
합장으로 기원해본다

예시 가)는 「상사초」, 나)는 「산사에서」, 다)는 「법당 뜨락에 핀 꽃」의 각각 전문이다. 예시들은 대상 소재나 시어들이 선미를 풍겨주고 있다. '목탁소리', '염불소리', '법당 뜨락'이 그러하고 '부처님 말씀', '산사', '법당 처마 풍경소리'가 또한 그러하다. 그뿐만이 아니다. '큰스님', '왕생극락', '향 공양', '합장', '중생'들과 같은 시어들은 예외 없이 불가의 용어들로서 선미를 환기시켜 맛보게 해주고 있다.

예시 가)에서의 상사초는 한 뿌리에서 태어난 마주한 적이 없는 두 얼굴의 꽃으로 상사일념, 고단상사의 그리움의 대명사다. 그러나 그리움으로 적신 마음, '법당 뜨락에 가슴으로' 내려놓음으로써 한가슴이 되는 합일지향은 자타불이를 체험하게 하는 선미를 제공해 준다.

예시 나)도 강설기 눈의 두께로 덮인 산사의 정적과 정적마저 깨뜨리지 못한 채 정적에 묻힌 풍경소리를 중첩시킴으로써 산사의 분위기를 정일로 고조시켜 정태화하고 거기에 그 정적의 올무에라도 걸린 듯 화들짝 놀라는 다람쥐의 동태화를 상충시킴으로써 정적의 깊이나 두께를 한층 강조해주고 있다. 역시 겨울 강설기 산사에서 맛볼 수 있는 대표적 선미가 아니던가.

끝으로 예시 다)의 법당 둔덕에 핀 꽃을 '목탁소리를 익혔는지/발원하듯 숙인 고개로 피어 있다'든지, '법당에 들지 못해도/보살핌으로 살았고, 또 살아가리라고/감사하는 마음으로 합장한다'든지, '큰 가르침 주시기를/합장으로 기원해보는' 등은 불자만이 맞춰낼 수 있는 선미의 것들로 제시될 수 있는 것들이다.

물론 이외에도 제1부의 꽃의 형상화를 통해 보여주는 양극화나 양극화의 합일로서의 순발력의 위트, 위트와 함께 양극화의 상반·상충을 합일로 이끌어내는 컨시트 등도 살만한 간과할 수 없는 시편들로 제시될 수 있는 것들이다. 그런가 하면 제2부나 3부의 시편 중에서도 살만한 시들이 많았으나 그중에서도 돋보이는 시와 시정신의 일치를 보여준 시들이 각과 선미의 시편들이어서 조명의 대상으로 했음을 밝히면서 결어로 맺음 한다.

## 3. 결어

지금까지의 조명은 권혁춘 시인의 첫 시집인 『소금꽃』을 일별해본 결과를 지적한 것으로서 이를 정리하면 결어가 될 듯싶다.

시는 암시나 상징의 산물이란 점을 레토릭으로 구사한 『소금꽃』은 자칫 종교적 교의에 떨어지기 쉬운 시적 함정을 극복, 불심이나, 발원, 구도 등을 각과 선미로 형상화, 재구성해줌으로써 시적 성과와 함께 신뢰를 획득했다는 점에 조명의 결과는 귀결될 것으로 본다.

•

**권혁춘** 시인은 하남 문인협회 시공모전에서 은상에 입상하였고, 하남 여성기예경진대회 수필부문에 최우수상을 수상하였다. 계간 한국작가 아동부문 신인상을 수상하고 작가로 등단하였고『조선문학』신인상에 시가 당선되어 데뷔했다. 경기 신인문학상 문예작품 소설(동화부문)에 당선되었고, 현재 동화구연가 및 시낭송가로 활동하고 있다. 시집에『소금꽃』이 있다.

•

# 소금꽃

2014년 7월 10일 인쇄
2014년 7월 20일 발행

지은이 / 권혁춘
발행인 / 박진환
펴낸곳 / 조선문학사
등록번호 / 1-2733
주소 / 120-853 서울 서대문구 통일로 389(홍제동)
대표전화 / 02-730-2255
팩스 / 02-723-9373

ISBN 978-89-98115-50-0

정가 10,000원

* 인지는 저자와 합의 하에 생략
* 잘못된 책은 서점에서 교환해 드립니다.